INVENTAIRE
A 38340

AF462422

MUSÉE EUROPÉEN.

NOTICE

DES

OUVRAGES DE PEINTURE, SCULPTURE, GRAVURE,

ET

Autres Objets de beaux Arts,

exposés

Au Musée Européen.

1823.

PRIX : 50 cent.

A PARIS,

DE L'IMPRIMERIE DE NOUZOU.

[illegible]

[illegible]

[illegible]

[illegible]

[illegible]

[illegible]

[illegible]

[illegible]

[illegible]

PROSPECTUS ET ANNONCE.

Musée Européen,

Rue du Temple, N° 108, *au coin du boulevard*, *ancien hôtel de l'Hospital, près du Diorama et vis-à-vis la Manufacture de Porcelaine de S.A.R. Monseigneur le Duc d'Angoulême*, A PARIS.

On a réuni dans cet établissement une nombreuse collection des plus beaux tableaux des grands maîtres des écoles italienne, française, flamande et espagnole; statues antiques et modernes; vases en marbre précieux, albâtres; gravures encadrées ou en feuilles, de France, d'Angleterre et d'Italie; enfin tous les objets les plus rares et les plus précieux des beaux arts.

On se charge de la commission.

Les salons d'exposition et de vente sont ouverts chaque jour, de neuf heures du matin jusqu'à quatre heures du soir (le vendredi excepté).

L'idée de cet établissement a été conçue et formée par un amateur, propriétaire d'une grande et belle collection de tableaux et d'autres objets d'art, qui a habité l'Italie, visité les principales cours de l'Europe, et qui s'est associé de riches propriétaires de la capitale, pour offrir la plus grande sécurité aux personnes des pays étrangers et des départemens, soit qu'elles veuillent y adresser des demandes, ou y envoyer, pour être vendus en commission, toutes sortes d'objets de beaux arts.

Paris étant devenu le but principal d'un voyage pour toutes les personnes riches de l'Europe, qui ont le goût des beaux arts, le Musée Européen est destiné à en devenir le rendez-vous. Les chefs-d'œuvre qui y sont et seront exposés, la distribution du local, l'un des plus beaux de la capitale, et surtout la modicité des prix des objets mis en vente, tout doit contribuer au succès d'une aussi vaste et honorable entreprise.

Messieurs les artistes et propriétaires d'objets précieux en peinture, sculpture et autres articles des arts, qui desireront s'en défaire, trouveront dans cet établissement le double avantage de les vendre promptement et à peu de frais, aux conditions qui leur seront communiquées.

On pourra s'adresser pour les demandes et renseignemens au Directeur général de l'établissement.

NOTICE

DES

OUVRAGES DE PEINTURE,

SCULPTURE, GRAVURE,

et autres objets de beaux arts.

PEINTURES.

1. Le Couronnement d'épines, figures à mi-corps, peint par le célèbre auteur dans la manière flamande. Le Christ est noble et du beau temps de ce maître, *Dominiquin.*

2. La Madeleine pénitente. Ce tableau était remarquable dans la galerie Guistiniani, à Rome, où il a été acheté; il est d'une parfaite conservation, *Michel-Ange de Caravage.*

3 et 4. Portrait de Thomas-Morus, peint sur bois, jusqu'aux genoux, et celui de sa femme, s'appuyant sur ses deux enfans. Il est difficile de se procurer des tableaux de ce maître, aussi bien conservés et d'un si grand intérêt; ils viennent de la galerie du cardinal Valenti, à Rome, *Holbein.*

5. Jésus-Christ portant sa croix. Ce tableau, l'un des plus beaux de l'école espagnole, et peut-être le chef-d'œuvre de l'auteur, est au-dessus de tout éloge, et doit être regardé comme un miracle de l'art, *Morales (surnommé il Divino.)*

6. La Passion de Jésus-Christ, représentée en 9 petits tableaux ou compartimens, contournés d'or, ne faisant qu'un seul tableau de la plus belle conservation, et parfaitement dans le goût de ceux qui décorent l'autel où l'auteur est enterré,

et pour lesquels les amateurs étrangers ont souvent offert des sommes très-considérables, *George Vasari.*

8. La Vierge, l'Enfant Jésus et deux saintes, charmant tableau de chevalet, *Annibal Carrache.*

9. Sainte-Catherine, demi-figure. Cet ouvrage peut être comparé aux plus belles productions de Raphaël; il réunit la noblesse du caractère à la correction du dessin, *Allori (dit le Bronzino.)*

10. Sainte-Barbe, pouvant servir de pendant au précédent. Ce tableau est aussi précieux par le charme de la couleur que par le moëlleux du pinceau, *Dominiquin.*

11 Grande Fête de village. L'un des plus beaux du maître, *Abraham Teniers.*

12. Fête de village, où l'on couronne la fiancée. Ce tableau, orné de nombreuses figures, est peint dans la belle manière du maître; sa touche, moins sèche que dans plusieurs autres de ses ouvrages les plus recherchés, a quelque chose de plus agréable; il est sur cuivre; c'est un tableau capital, *David Teniers.*

14. Superbe Portrait d'une dame romaine, peint sur bois, de grandeur naturelle. Ce tableau faisait partie de la galerie Massimi, à Rome, et peut être comparé aux plus beaux ouvrages de Michel-Ange Buonarotti, maître de l'auteur, *Allori (dit le Bronzino.)*

15. La mort de St-Joseph, remarquable par son effet piquant, et parce que l'auteur a rarement peint des tableaux de chevalet, *Gérard della note.*

16. Sainte-Cécile, demi-figure. On connaît la douceur du pinceau de cet habile peintre. *Carlo Dolci.*

17. Paysage avec une ferme et des paysans, *David Teniers.*

18. Portrait du fameux amiral Ruyter; il faisait partie de la collection de lord Bristol, *Jacques Jordans.*

19. Une Sainte montée sur un cheval blanc, foulant aux pieds un monstre, tableau allégorique, peint sur cuivre, d'un fini très-précieux; c'est un tableau rare, *Delignis.*

20. Portrait d'un chevalier de la famille Falconieri; tableau de

1er. ordre, attribué par quelques-uns à Raphaël, *Giorgione.*

21. Une Marine, riche en figures. Ce tableau, d'une couleur blonde et claire, se distingue de la plupart des autres tableaux de ce maître, qui sont ordinairement noirs et d'une touche heurtée, *Salvator Rosa.*

22. Un paysage avec figures, *Jean Miel.*

24. Un Paysage avec des animaux, *Vandeveldé.*

25. La Vierge en adoration devant l'Enfant Jésus. Ce tableau est fort agréable, d'une manière belle et large, et parfaitement conservé, *Louis Carrache.*

26. Un Paysage avec un chasseur, charmant tableau, peint sur bois, d'une couleur blonde et claire, d'une touche fine et de la plus belle qualité de ce maître, *Paul Bril.*

27. Paysage avec Saint-Roch et un Ange qui lui porte à manger. Le paysage offre une perspective fort étendue; il est peint sur bois et bien conservé. On connaît la rareté des tableau de ce maître, *Albert Durer.*

28. Intérieur d'une Eglise. Ce joli petit tableau est un chef-d'œuvre de l'art pour l'effet de lumière, et le précieux fini. Les ouvrages de ce maître sont très-rares, *Morgenstern.*

29. Une Sainte qu'on conduit au martyre. C'est un des plus beaux tableaux de ce maître, d'une composition riche et d'une belle conservation, *Filippo Lauri.*

30. La Résurrection du Lazare. Joli tableau de l'école allemande, d'un bel effet et d'un fini précieux, *inconnu.*

31. Jésus-Christ et la Madeleine dans le jardin, charmante production de chevalet. Les ouvrages de ce maître sont rares et très-recherchés des amateurs; celui-ci est un de ses meilleurs. *Benvenuto Garofale.*

32. L'Enfant Jésus et le petit Saint-Jean, très-joli tableau de chevalet de ce maître, dont les ouvrages sont rares, *Benedetto Luini, élève de Leonardo de Vinci.*

33. L'Annonciation de la Vierge, en deux petits tableaux sur ardoise, d'une exécution parfaite et très-bien conservés, *Elizabeth Sirani, élève du Guide.*

34. Sainte-Famille. Charmant petit tableau sur cuivre, attribué

par quelques uns à Michel-Ange Buonarotti. C'est un diamant pour la beauté de la composition, la correction du dessin, et la perfection de l'exécution, *Marcellino Venusti, disciple de Michel-Ange.*

35. Tête d'un Moine de l'ordre de Saint-Bruno; c'est un vrai chef-d'œuvre de couleur et de vérité, *Alonzo Cano (école espagnole.)*

65. L'Assomption, sur cuivre, école de Rubens, *Bourgeois.*

117. Saint-Joseph, la Vierge, l'Enfant Jésus, et Saint Jean beau tableau, d'une belle couleur et d'une composition agréable, *Simon de Pesaro.*

119. Achille faisant attacher le corps d'Hector à son char, *Ecole française.*

120. Portrait d'un jeune Militaire, *Inconnu.*

121. Paysage avec chûte d'eau, *Alexis Romano.*

122. Marine, *Mampergh.*

125. Vue du Colisée, à Rome, *Orizonte.*

126. Marine, *Mampergh.*

127. La Vierge, l'Enfant et Saint-Jean-Baptiste dans un beau paysage, très-belle copie d'après Raphaël, *Inconnu.*

128. Paysage, *Studio.*

132. Grand Paysage avec des paysans jouant aux boules, *David Teniers.*

133. Paysage avec des Montagnes, *Idem.*
Ces deux tableaux sont très-curieux, étant d'un genre de paysage tout à fait différent de celui qu'on remarque ordinairement dans les tableaux de ce maître.

134. Un Christ avec les Apôtres, esquisse, *Augustin Carrache.*

135. Un paysage. *Pietro de Cortone.*

136. Saint-François avec d'autres figures, *Mussiano.*

137. Figure représentant l'Europe, d'après la fresque du même auteur, qui est dans la chapelle du Baptême de Saint-Pierre, à Rome, *Trevizano.*

138. Beau tableau de Fruits, *Inconnu.*

139. Combat de Cavalerie, *Bourguignon.*

143. Jésus-Christ avec Saint-Pierre, *Corrado.*

144. L'Annonciation de la Vierge, esquisse, *Tintoretto.*
145. Scène militaire, où l'on fusille un soldat, *Graziani.*
146. Un Militaire au Camp, pendant du précédent, *Idem.*
147. Un Hiver avec de la neige, *Toschi.*
150. Un paysage avec un Dieu fleuve, *Style du Poussin.*
151. Tête de Saint-Jérôme avec la croix, esquisse, *Spagnoletto.*
152. Tableau de Fruits, *Ecole flamande.*
153. Marine, *Manglar.*
154. Paysage, *Studio.*
155. L'Asie, pendant du n°. 137, *Trevizano.*
156. Tableau sur cuivre, représentant la Fortune, *Subleras.*
157. Sainte-Famille, charmant tableau de chevalet, *Camille Procaccini.*
158. Saint-Sébastien mort, belle esquisse, *Schidone.*
159. Repos en Egypte, *Mola.*
160. Tête de Saint-Paul, très-belle étude, *Lanfranc.*
161. Tête de Flore, Charmant tableau de chevalet, *Romanelli.*
162. Une Vierge et l'Enfant Jésus lisant, très-beau tableau, *Guercino.*
163. Sainte-Famille et Saint-Jean, sur cuivre, *Ecole flamande.*
164. Tête de Vierge, charmant tableau bien conservé, *Guido Reni.*
166. Paysage, esquisse, *Inconnu.*
168. Festin d'Assuérus, petit tableau sur cuivre, *Rottenhamer.*
169. Petite Madone sur bois, *Ecole du Guide.*
170. La Vierge et le Christ mort avec deux Anges, *Ecole de Carrache.*
174. Des Anges avec la Croix, esquisse, *Guercino.*
175. Petit Paysage, esquisse, *Dominiquin.*
176 et 177. Deux tableaux de fleurs, *Inconnu.*
178. Tête de Vieille, *Titien.*
179. Conversion de Saint-Paul, esquisse, *Ecole flamande.*
192. Paysage, site d'Italie, *Graziani.*
193. Jésus-Christ et Saint-Pierre sur le bord de la mer, très-joli tableau, *Baroccio.*

198. Vénus et les Amours, tableau fort-agréable, *Albane.*

199. Danaë, *id.* *id.*

202. La Vierge et l'Enfant, *Louis Carrache.*

205. Toilette de Vénus, charmante composition moderne, d'une belle couleur, et de l'effet le plus agréable, *Gagliardi.*

206. La Charité, *id.* *id.*

207. Très-belle copie du St.-Jérôme du Dominiquin *id.*

209. Paysage avec figures et animaux, *Antonozzi.*

215 et 216. Deux très-beaux Paysages, genre du Guaspre, *Inconnu.*

217. La Vierge, l'Enfant et St.-François, belle esquisse terminée, *Dominiquin.*

230. Marine, vue du Télégraphe de Portici, près de Naples, peint d'après nature par le célèbre *Rebell, à Rome.*

231. Vue de l'intérieur de la grotte de Neptune, à Tivoli : c'est le chef-d'œuvre de cet artiste, dont la réputation est devenue européenne, et dont les ouvrages sont extrêmement recherchés, *Verstappen, à Rome.*

232. Grand Paysage avec un taureau et plusieurs animaux, c'est un des chefs-d'œuvre de ce peintre, émule et compatriote du précédent, *Teerlinck, à Rome.*

233. L'intérieur de la Basilique de St.-Paul, hors des murs, à Rome; grand tableau d'un effet admirable, d'une vérité parfaite, et qui a fait la réputation de l'auteur, *Leblanc, à Rome.*

234. Jésus-Christ avec les enfans, charmant tableau de composition, et qui fait honneur à l'école moderne, *Riepenhausen, frères.*

235. J.-C. au milieu des docteurs, pendant du précédent *id.*

Nota. Ces six derniers tableaux ont fait l'admiration des connaisseurs, au salon de 1822.

239. La Sibylle de Babylone, prêchant au peuple hébreu la résurrection du Seigneur, tableau capital de ce célèbre maître, dont les ouvrages sont d'une grande vérité, et recherchés à l'égal de ceux de Raphaël. Celui-ci est de

la plus belle composition, et digne de figurer dans les plus célèbres galeries, *Sébastian del Piombo.*

240. Le Sacrifice d'Abraham, très-beau tableau du maître *Scoppa, dit le Calabrèse.*

241. Vue de Castel Gandolfi et du lac d'Albano, grand et beau Paysage, *Campo-Vecchio.*

342. Marine avec Paysage et figures, représentant Ariane abandonnée. *Inconnu.*

243. Paysage avec Cascade, *Guaspre Poussin.*

244. Le Temps qui découvre la Vérité, très-beau tableau sur bois, qui a été fait pour un pape, *Inconnu.*

245. Grand Paysage avec figures ; c'est un des plus magnifiques ouvrages de cet auteur, et qui peut rivaliser avec Claude Lorrain, *Orizonte.*

246. Sainte-Famille ; ce tableau, peint sur bois, est un des meilleurs ouvrages de ce grand maître, *Fra Bartolomeo.*

247. Paysage avec figures, représentant l'accouchement de Mirrha, tableau du plus rare mérite, et qui rappelle les meilleurs ouvrages du célèbre auteur *Nicolas Poussin.*

248. Le Paradis terrestre, avec beaucoup d'animaux, *Breughel.*

249 et 250. Deux Marines avec beaucoup de figures, charmans tableaux d'un maître dont les ouvrages sont rares, *Grevembroek.*

251 et 252. Deux sujets de l'Ancien-Testament. Ces deux tableaux sont très-intéressans sous le rapport de l'art, et d'un maître dont les ouvrages se rencontrent difficilement, *Beccafumi.*

253. Sacrifice au dieu Pan, composition riante, et l'un des meilleurs tableaux du maître, *Nicolas Poussin.*

254. Paysage avec Cascade, très-bon tableau, *Guaspre Poussin.*

255. Venus à demi-voilée, charmant tableau, remarquable par l'élégance et la correction du dessin, et le fini précieux, *Ecole lombarde.*

256. La Beauté triomphant de la Philosophie, joli tableau de chevalet, bien conservé, *Zuccaro.*

257. Très-grand et beau Paysage, avec une chûte d'eau, *Guaspre Poussin.*

258. L'Ange Gabriel: c'est un des beaux ouvrages du maître, d'une belle couleur, *Guido Reni.*

259. Curtius se précipitant dans le gouffre, *Chevalier d'Arpinoi*

260. Le Lavement des pieds, grande et belle composition, tableau non terminé, *Titien.*

261. Archimède, tableau capital, d'une touche hardie, et de la plus belle couleur. *Lanfranco.*

262. Saint-Jean l'évangéliste, écrivant l'Apocalypse, grand tableau, très-capital, de cet auteur, qui était disciple du Dominiquin, *Gennari.*

263. Saint-Jean dans le désert, grand et beau tableau, de la plus belle manière de ce maître, *Michel-Ange de Caravage.*

264. Paysage moderne, *Inconnu.*

265. Pendant du précédent, *id.*

266. Combat de Cavalerie, très-beau tableau, plein de chaleur et de verve, et d'une couleur superbe, *Fra Giacomo.*

267. *Id.* Pendant du précédent, *Id.*

268. Saint-Pierre à mi-corps, magnifique tableau de galerie, *Lanfranco.*

269. La Reine de Saba apportant des présens à Salomon, chef-d'œuvre de composition et de couleur, égal aux plus beaux ouvrages de Rubens, *Abraham Janssens.*

270. Vénus et Adonis, tableau très-capital, composition gracieuse et d'une couleur admirable, *Luca Cambiaso.*

271. Moïse retiré des eaux, grande et magnifique composition, digne de figurer à côté des plus beaux ouvrages de ce maître, qu'on voit au musée du Louvre, *Nicolas Poussin.*

272. La rencontre de David et d'Abigaïl, pendant du précédent, pas entièrement terminé. *Idem.*

273. La Vierge et des Anges en adoration devant l'Enfant Jésus. Ce chef-d'œuvre du maître est remarquable par la pureté du dessin, la vigueur du coloris, et le charme de la composition. C'est un tableau digne de figurer dans une galerie royale, *Pietro de Cortone.*

274. Tête de Vierge, petit chef-d'œuvre dans la belle manière du maître *Guido Reni.*

275. La Madeleine au sépulcre, très-joli petit tableau de l'école du Corrège, *Inconnu.*

276. Paysage avec Marine et figures. *Ecole flamande.*

277 et 278. Deux petites Marines, *Ecole flamande.*

279. Figure de Paysan, joli petit tableau, *Inconnu.*

280. Figure de Mendiant, pendant du précédent, *id.*

281. Un Enfant, *Salvator Rosa.*

282. Deux Enfans, joli tableau, *Dominiquin.*

283. Très-jolie petite Marine avec édifices et figures, *Inconnu.*

284. *id.* *id.* *id.* *id.*

285. *id.* *id.* *id.* *id.*

286. *id.* *id.* *id.* *id.*

287. Très-joli petit portrait dans la manière de Rembrandt, *id.*

288. Portrait en pied de Charles II, roi d'Espagne, dans son enfance, tableau très-remarquable comme monument historique et de l'art, *Velasquez.*

289. Grande Sainte-Famille, tableau très-capital, d'une belle composition et d'un coloris superbe : c'est un vrai chef-d'œuvre, digne de figurer dans les plus belles collections, *Jacques Jordans.*

290 et 291. Deux tableaux de gibier et nature morte, de la plus grande vérité, et bien conservés, *Girolamo Gallo.*

292. Le Repos en Egypte, charmante composition, et l'un des plus jolis tableaux du maître *Carlo Maratte.*

293. Deux Amours, grandeur naturelle, tableau admirable pour la composition, le dessin et le coloris, et l'un des plus beaux de ce maître, *Guercino.*

294. Le Passage de la mer Rouge, grande et belle composition et d'une grande vigueur de coloris, *Inconnu.*

295. Pendant du précédent, *Id.*

296. La Vierge, l'Enfant Jésus et Saint-Jean, tableau admirable de composition, d'une grande fraîcheur, et, sans contredit, l'un des plus beaux de ce maître, *André del Sarto.*

297. Triomphe de Bacchus, charmante composition, d'un pinceau délicat, *Albane.*

298. Triomphe d'Amphitrite *id.* *id.* *id.*

299. Narcisse se mirant dans une fontaine, charmant petit tableau d'un dessin exquis et de la plus parfaite conservation, *Perrin del Vaga.*

300. Vénus et l'Amour, figures naturelles. Ce tableau est comparable aux plus beaux ouvrages du Titien, *Paduanino.*

301. Une Sibylle, *Inconnu.*

302. Un Amour avec une couronne de laurier, *Guido Rheni.*

303. Un Amour avec la couronne et le sceptre, *Idem.*

312. Une Zingarella ou bohémienne, de grandeur naturelle, tableau très-curieux, et d'un maître dont les ouvrages sont rares et recherchés, *il Poco e Buono.*

358. Deux petits Savoyards, joli tableau de chevalet, moderne, *Roques.*

359. Petit Paysage avec figures, en rond, bien conservé, *Bon Boulogne.*

360. Combat de Chiens et de Renards, charmant tableau, bien conservé, *Oudri.*

361. La Charité romaine, tableau de chevalet, d'un très-joli effet, *Inconnu.*

362. Scène entre des bergères et des pêcheurs, sur le bord de la mer, joli tableau moderne, *Idem.*

372. Deux petits Portraits, demi-figure, dans la manière de Rembrandt, *Idem.*

373. Deux charmans petits Paysages, d'une touche fine et spirituelle, et de la plus belle couleur, *Inconnu.*

374. Deux jolis petits tableaux, représentant des Amours, *Albane.*

375. Portrait de jeune homme, petit chef-d'œuvre sur étain, *André del Sarto.*

376. Trois miniatures, représentant Vénus au bain, Vénus et les Amours, et Adonis blessé, d'après les peintures antiques de la Villa Negroni, à Rome. Ce sont trois petits miracles de l'art, très-précieux, par le célèbre *Mengs.*

377. Très-jolie petite Tempête, sur cuivre, *Inconnu.*

378. Petit tableau en miniature, très-précieux et intéressant par le nom de l'auteur, *Beato Angelico.*

379. Portrait, demi-figure, *Inconnu.*

380. Petit portrait de Côme de Médicis, très-intéressant, *Bronzino.*

381. Petite Sainte-Famille, très-joli petit tableau, *Louis Carrache.*

382. Sainte-Marguerite, *id.* *Dominiquin.*

383. Marine représentant une Tempête, *Vernet.*

384. La Vierge et l'Enfant, charmant petit tableau, *Schidone.*

385. Moïse retiré des eaux, petit tableau en hauteur, *Ecole. Boulonnaise.*

386. Joli petit Paysage avec figures, *Paul Bril.*

387. Deux charmantes esquisses en clair-obscur, *Mengs.*

388. Portrait d'homme d'un grand fini et d'une belle manière, *Inconnu.*

389. Portrait de femme, très-joli ouvrage, non terminé, *Empoli.*

390. Petit portrait d'homme sur cuivre, *Inconnu.*

391. Très-joli portrait d'enfant, *Ecole florentine.*

392. Portrait de femme, ancien, sur bois, *Inconnu.*

393. Joli tableau de Fleurs, *Mario di Fiori.*

394. La Naissance de la Vierge, tableau d'une grande rareté, et digne de Raphaël, *Luca Signorelli.*

395. Portrait d'une jeune femme, *Tintoretto.*

396. Tête de Madeleine, d'une belle expression, *Inconnu.*

397. Portrait de femme, école toscane, *Inconnu.*

398. Saint-Pierre délivré de la prison, esquisse, *Inconnu.*

399. Narcisse se mirant dans la fontaine, joli tableau, *Cigoli.*

400. Portrait d'un illustre florentin, très-remarquable, et d'une belle conservation, *Masaccio.*

401. Très-belle Sainte-Famille sur cuivre, *Louis Carrache.*

402. Sainte-Famille, composition gracieuse, *Denis Calvert.*

403. Ste.-Famille, charmant tableau de chevalet, *Louis Carrache.*

404. Tête de jeune homme, *idem*, *Baroccio.*

405. Tête de Vieillard, *idem* *idem.*

406. La Vierge, l'Enfant Jésus et Saint-Joseph, sur bois, *Parmesan.*

407. Jésus sur les genoux de la Vierge, belle esquisse, *Annibal Carrache.*

408. La Vierge et l'Enfant Jésus, petit tableau du plus grand mérite, *Parmesan.*

409. Paysage en hauteur, avec figures de l'Albane, *Inconnu.*

410. *Id.* pendant du précédent, *idem.*

411. Sainte-Ursule, joli tableau, *Dominiquin.*

412. Portrait de la Bianca Capelli, charmant tableau historique, *Bronzino.*

413. Sainte-Famille avec une religieuse dans le fond, très-beau tableau sur bois, *André del Sarto.*

414. Le Crucifiement de notre Seigneur, très-ancien et très-curieux; intéressant comme monument historique de l'art, *Giotto.*

415. Portrait de femme, demi-figure, *Ecole vénitienne.*

416. Nativité de J.-C., joli tableau d'effet, *Inconnu.*

417. Portrait d'homme, *Morrone.*

418. *id.* *id.* *id.*

419. Sainte-Cécile, charmant tableau, d'une expression admirable, *Carlo Dolci.*

421. Saint-Sébastien, joli tableau d'effet, *Furino.*

422. Portrait d'un guerrier, grandeur naturelle, mi-corps, *Bassano.*

423. La Madeleine, à mi-corps, tableau très-capital, et d'une belle conservation, *Salviati.*

424. Le Couronnement de la Vierge, tableau très-ancien, sur bois, curieux comme monument historique de l'art, *Giotto.*

425. La Vierge et l'Enfant Jésus, sur un fond d'or, tableau curieux pour l'histoire de l'art à sa renaissance, *Beato Angelico*

426. Sainte-Famille, tableau curieux, peint en détrempe, *Ecole de Raphaël.*

427. Sainte-Famille, copie, *d'après Raphaël.*

428. Sainte-Famille avec deux Anges, sur bois, en ovale, *Pietro Perugino.*

429. Sainte-Famille, sur bois, joli tableau d'après *Fra Bartolomeo.*

430 et 431. Deux jolis Paysages, d'une touche franche et animée, *Guaspre Poussin.*

432. Portrait d'un illustre Toscan, très-beau, *Bronzino.*

433. Gibier mort, *Inconnu.*

434. Très-jolie Sainte-Famille, *Inconnu.*

435. Portrait d'un Personnage célèbre, sur bois, *Masaccio.*

436. Ste.-Famille et le petit St.-Jean, sur bois, *Fra Bartolomeo.*

437. Charmant tableau de Fleurs, *Inconnu.*

438. Joli Paysage, *Guaspre Poussin.*

439. Jeux d'Amours dans un Paysage, charmant petit tableau, *Albane.*

440. Un Enfant, grandeur naturelle, joli tableau, *Guido Reni.*

441. Portrait d'un Guerrier, à mi-corps, *Volteranno.*

442. La Vierge et l'Enfant au milieu d'une guirlande de fleurs, *Mario di Fiori.*

443. Tête de Bœuf, très-belle étude, d'après nature, *Voogd.*

444. Cléopâtre, tableau très-capital, et d'une grande beauté d'expression, *Guido Reni.*

445. Paysage avec figures, dans la manière de Claude Lorrain, *Svvaneveldt.*

446. Le mariage de Sainte-Catherine, tableau très-capital, et digne de l'attention des amateurs, *Parmesan.*

447. Très-beau Paysage avec figures, *Salvator Rosa.*

448. Portrait d'un Religieux de l'ordre de Saint-Augustin, ouvrage remarquable pour la couleur, la manière large dont il est peint et la parfaite conservation, *Titien.*

449. Sainte-Famille, tableau très-capital, sur bois, c'est un chef-d'œuvre, relativement à l'époque où il a été peint : il est bien conservé, *Botticelli.*

450. Le mariage de Sainte-Catherine, tableau précieux, dans la belle manière du maître, et parfaitement conservé : c'est un vrai chef-d'œuvre, *Guercino.*

451. Portraits d'un homme et d'une femme, figures à mi-corps, très-beau tableau, *Tintoretto.*

452. La Pêche miraculeuse, très-beau tableau ancien, de l'école florentine, bien conservé, sur bois, *Inconnu.*

453. Paysage, vue de Rome avec le temple de la Concorde, *Campovecchio.*

454 et 455. Deux petites Batailles. Une touche vive, brillante et spirituelle distingue ces deux jolies productions, *Breydel.*

456. Paysage sur cuivre, *Dominiquin.*

459. Paysage avec une fuite en Egypte, tableau remarquable par la beauté du coloris et la finesse de l'exécution, *Ecole allemande.*

460. Très-beau Portrait dans la manière de Raphaël, digne de figurer dans les premières galeries, *André del Sarto.*

461. Jésus-Christ, à mi-corps, très-beau tableau, d'un fini précieux et de la plus belle conservation, *Jean Bellini.*

462. Le petit Saint-Jean, à mi-corps : c'est un petit chef-d'œuvre de ce maître, et parfaitement conservé, *André del Sarto.*

463. Portrait d'homme, *Morrone.*

464. Paysage avec figures et une rivière, très-joli tableau, *Paul Gril.*

465. Intérieur, vue de Rome moderne, *Spruyt.*

467. Très-beau portrait d'un Doge vénitien, admirable pour la couleur et la manière large d'exécution, *Titien.*

468. La Fornarina, belle copie d'après *Raphaël.*

469. Martyre de Saint-Etienne, très-belle esquisse du grand tableau qui existe à Florence, *Cigoli.*

470. Très-beau Paysage avec figures, *Salvator Rosa.*

471. Charmant petit Paysage, d'une belle couleur, *Van Link.*

472. *Idem*, pendant du précédent, *Van Link.*

474. Le baiser de Judas, tableau très-intéressant, *Polidore de Caravage.*

475. Flagellation, très-joli tableau de chevalet, sur cuivre, d'un effet piquant, *Gérard della Notte.*

476. Petit Paysage, remarquable pour la couleur, *Ecole française.*

477. L'Adoration des Bergers, petit tableau très-agréable, et d'un effet charmant, *Naldini.*

478. Intérieur d'une famille flamande, très-joli tableau sur bois, *Béga.*

479. La Madeleine dans le désert, jolie copie d'après *le Corrège.*

480 et 481. Paysans qui boivent et qui jouent, deux très-jolis tableaux de chevalet, *Michel-Ange Cagnozzi.*

482. La Nativité de Jésus-Christ, joli tableau sur ardoise, d'un effet très-piquant et d'une touche spirituelle, *Inconnu.*

484. L'Adoration des rois Mages, pendant du précédent, *Idem.*

484. Le Christ au tombeau, petit chef-d'œuvre d'un effet admirable, *Tiarini.*

485. Hérodias, très-belle esquisse originale, *Guido Reni.*

486. Tête de jeune homme, étude superbe et du plus beau style du maître *Annibal Carrache.*

487. Portrait d'homme, joli tableau de l'école florentine, *Inconnu.*

488. Saint-Bruno et d'autres religieux, belle esquisse, *Ciro Ferri.*

489. Nature morte avec gibier, *Inconnu.*

490. Sainte-Famille sur bois, charmant petit tableau, *Benvenuto Garofalo.*

490. L'Assomption de la Vierge, très-joli petit tableau, sur cuivre *Jacopo Ligozzi.*

492. Sujet des miracles des Apôtres, petit tableau très-précieux, *Dominiquin.*

493. Jésus-Christ en croix avec la Madeleine, petit chef-d'œuvre d'une couleur admirable, *Cigoli.*

494. Tête de jeune fille, charmant petit tableau, *Baroccio.*

495. Charmant Paysage, vue de mer avec un soleil couchant : c'est un des jolis tableaux du maître, et digne de figurer parmi ses meilleures productions, *Claude Lorrain.*

496. La Vierge Marie avec le corps de Notre Seigneur sur les genoux, petit tableau très-capital, d'un style élevé et du plus beau dessin, *Daniel de Volterre.*

497. L'Adoration des Bergers, charmant petit tableau de chevalet, d'un ton clair et brillant, *Bassano.*

498. Petite Descente de croix, esquisse terminée, *fra Bartolomeo.*

499. Portrait d'homme, *Inconnu.*

500. Petite Sainte-Famille, composition gracieuse, *Lelio Novellara.*

503. Tête d'étude, très-belle esquisse sur papier, *André del Sarto.*

504. Portrait de Pontormo par *lui-même.*

505 et 506. Têtes de martyrs très-belles, *Ribéra dit le Spagnoletto.*

507. Portrait d'une illustre florentine, très-beau, *Bronzino.*

508. Portrait d'une jeune et belle femme, avec un costume très-riche, *Ecole vénitienne.*

509. Paysage avec Saint-François, *Pomarancio.*

510. L'Enfant Jésus endormi, très-joli tableau, *Elizabeth Sirani.*

511. L'Amour endormi, composition gracieuse, *Albano.*

512. Paysage avec une Sainte pénitente et un Ange, *Inconnu.*

513. Figure grotesque (pendant du n°. 125), tableau très-remarquable de ce maître, *Karle Dujardin.*

514. Hérodias, figure à mi-corps, de grandeur naturelle : c'est le chef-d'œuvre de ce maître, et d'une belle exécution, *Onorio Marinari.*

515. Sainte-Famille, en rond, sur bois, *Ecole du Perugin.*

516. Très-beau Portrait d'homme, vu jusqu'aux genoux, de la plus belle manière de l'école vénitienne, *Morrone.*

517. Superbe copie ancienne de la Madona de l'Impannata, sur bois, parfaitement conservée et de la grandeur de l'original, *d'après Raphaël.*

518. Grand Paysage, *Salvator Rosa.*

519. Saint-Sébastien, figure à mi-corps, tableau très-capital, et de la plus belle manière du maître *André del Sarto.*

520. Grand et beau Paysage, peint d'une manière large, *Salvator Rosa.*

521. Saint-Jérôme, à mi-corps, très-beau tableau, *Lanfranco.*

522. Les Animaux sortant de l'Arche, grand et beau tableau, *Bassano.*

523. Les trois Vertus théologales, belle composition, de couleur admirable, très-beau tableau, *Titien.*

524. Sainte-Famille avec Saint-Jean et la Madeleine, tableau très-ancien et d'une rare conservation, intéressant comme monument de l'art, *Lorenzo di Credi.*

525. Figure grotesque, pendant du n°. 513, *Karle Dujardin.*

526. L'Annonciation de la Vierge, tableau capital, sur bois, *Bronzino.*

527. Grande Sainte-Famille, chef-d'œuvre de ce maître, digne d'être comparé aux plus beaux ouvrages d'André del Sarto, sur bois, bien conservé, *Pontormo.*

528. Le Martyre de Saint-Sébastien. Ce tableau, l'un des chefs-d'œuvre du maître, est remarquable par l'effet et par l'expression, *Michel-Ange de Caravage.*

529. Le Christ sur la croix avec Saint-Jean et la Vierge au pied. Ce tableau, de la plus belle conservation, est sans doute l'un des plus beaux de ce maître; il est d'une belle couleur, et de la plus parfaite exécution, *Barroche.*

530. Paysage avec figures, *Inconnu.*

531. Hercule aux pieds d'Omphale, composition gracieuse, *Luca Giordano.*

532. Le roi David jouant de la harpe, grand tableau d'une touche large et ferme, bien conservé, *Ecole de Sienne.*

533. La Reine de Saba aux pieds du trône de Salomon, grande et belle composition de la plus belle couleur, *Tintoretto.*

534. Sacrifice de Noë, tableau capital, *idem.*

535. Hérode et Hérodias, grande et belle composition, *Paul Veronèse.*

536. Saint-Blaise et autres Saints, grand et beau tableau d'église, *Passignano*

537. Grand Paysage avec figures, tableau capital, *Jean Both.*

538. Portrait d'une dame Vénitienne, à mi-corps, très-beau de couleur, *Ecole vénitienne.*

539. Sainte-Famille, composition gracieuse, *fra Bartolomeo.*

540. Ste-Madeleine, grandeur naturelle, très-beau tableau, *Onorio Marinari.*

541. Dédale et Icare, belle composition, *Guercino.*

542. Figure de philosophe vu jusqu'aux genoux, de grandeur naturelle et d'un effet très-piquant, *Ribera dit l'Espagnoletto.*

543. Sainte-Cécile, figure de grandeur naturelle, charmant tableau, digne du pinceau de Carlo Dolci, *Bianchi.*

544. Grande Sainte-Famille, tableau très-capital, *Pontormo.*

545. L'ivresse de Noë, tableau très-capital, *Ecole vénitienne.*

546. Très-belle copie d'une partie du Festin des Dieux, à la Farnésine à Rome, *d'après Raphaël.*

547. David en pied, coiffé d'un bonnet à plumet, et tenant la tête de Goliath, tableau d'un grand mérite de dessin et de clair-obscur, *Guido Reni.*

548. David avec la tête de Goliath, figure grandeur naturelle, vue jusqu'aux genoux, *Idem.*

549. Sophonisbe, tableau très-capital; d'une belle couleur et bien conservé, *Ecole génoise.*

550. L'Archange Raphaël et un enfant, figure grandeur naturelle, tableau très-capital de l'école de *Carlo Dolci.*

551. Portement de croix, superbe composition de couleur, admirable, très-beau tableau, *Titien.*

552. Saint-Jean dans le désert, *Ecole de Sienne.*

553. L'Enfant prodigue, figure de grandeur naturelle, tableau très-capital, *Guercino.*

554. Les trois Parques, tableau très-capital, figure de grandeur naturelle, et d'un bel effet, *Prête Génovèse.*

555. La bénédiction de Jacob, pendant du précédent, *Idem.*

556. Grand Paysage avec figures et une fontaine, tableau très-capital, dans la manière de Berghem, *inconnu.*

557. La Beauté surprise, très-beau tableau, de la composition la plus agréable, et d'un coloris admirable, *Ecole génoise.*

558. La Charité romaine, tableau capital, pendant du précédent, *Idem.*

559. Le Mariage de Sainte-Catherine, beau tableau d'église, d'une belle couleur, *Ecole de Sienne.*

560. Paysans jouant aux cartes devant une ferme, très-joli tableau sur bois, *David Teniers.*

561. Incendie de la ville de Troye, joli tableau, *Vanderneer.*

562. Joli petit Paysage avec animaux, *Blormes.*

563. Paysans jouant et buvant à la porte d'une hôtellerie, charmant petit tableau de chevalet, de la plus brillante exécution, et bien conservé, *Lingelbach.*

564. Très-joli Paysage avec chûte d'eau. Ce petit chef-d'œuvre réclame l'attention des connaisseurs, par la finesse et le brillant de la touche, *Saftleven.*

565. Très-joli paysage avec animaux, d'une belle couleur et d'une grande finesse d'exécution, *de Heusch.*

566. Très-joli paysage, Vue de la Hollande, *Sovagers.*

567. Pendant du précédent, *idem.*

568. Très-joli Paysage avec animaux, de Vandevelde, *Moncheron.*

569. Paysage avec animaux et figures, joli tableau, *Demey.*

570. Paysage avec des femmes qui se baignent, composition très-gracieuse (pendant du n°. 616), *Leclerc.*

571. Petit Paysage, d'une très-belle couleur, *Michel.*

572. Halte de Cavaliers, jolie petite composition (pendant du n°. 592), *Duplessis.*

573. Paysage avec un navire, *Albert Cuyp.*

574. Très-joli petit Paysage, *inconnu.*

575. Petite Tempête au clair de lune, *idem.*

576. Saint-Joseph en méditation, petit chef-d'œuvre de couleur, d'effet et d'exécution, *Ribera dit le Spagnoletto.*

577. Paysage avec un château et des Paysans, très-joli petit tableau, d'une belle couleur, *David Teniers.*

578. Saint-Sébastien, grand et beau tableau de l'école napolitaine, belle composition, et grande vérité de nature, *chevalier Massimi.*

579. Grand et beau Paysage avec animaux et figures, c'est un tableau très-agréable, et digne du pinceau de l'artiste, *Dennis.*

581. Une Nymphe couchée et un berger jouant de la flûte, charmant tableau de chevalet, remarquable pour le dessin et l'exécution, *Pierre Vandervverff,*

582. Halte de chasse avec figures, animaux, paysage et architecture, tableau très-capital et très-agréable, *Abraham Hondius.*

583. La Vierge et l'Enfant Jésus, avec beaucoup d'accessoires, tableau ancien d'un grand mérite, *inconnu.*

584. Grand Paysage avec des animaux. Ce tableau est le chef-d'œuvre du maître, dont la réputation est devenue Européenne, *Voogd, à Rome.*

585. Grand Paysage en hauteur, avec figures et animaux. Ce tableau peut rivaliser avec les meilleurs ouvrages de Berghem, *Berkheyden.*

586. L'Adoration des Rois mages, tableau très-capital, de la plus belle couleur, et qui ne serait pas indigne du pinceau de Reimbrandt; il est d'une belle conservation, *Bramer.*

587. Grand Paysage avec figures et animaux auprès d'une fontaine, tableau capital dans la première manière du maître, *Nicolas Berghem.*

588. Petit tableau de Fruits, d'une rare perfection, *Zuël.*

589. Petit Paysage avec marine, fort joli, *Fanchet.*

590 et 591. Deux très-belles Marines, genre de Vernet, *Lacroix.*

592. Halte de Cavalerie (pendant du n°. 572.), *Duplessis.*

593. Paysage avec architecture, très-beau tableau, *Svvaneveldt.*

594. Jésus-Christ mort, sur les genoux de la Vierge, excellente copie d'après *Annibal Carrache.*

595. Vénus entre Bacchus et Cérès. Ce petit chef-d'œuvre, peint en grisaille, mérite toute l'attention des amateurs : il est admirable de dessin et de composition : il est incontestablement original, *Jules Romain.*

596, 597, 598 et 599. Quatre Sujets tirés de la Jérusalem délivrée, du Tasse. Ces tableaux sont remarquables, étant d'un genre tout-à-fait différent de celui que ce grand peintre traitait ordinairement ; on y reconnaît pourtant facilement sa touche, *David Teniers.*

600. Très-joli paysage en hauteur, aussi beau qu'un Claude Lorrain, *Both d'Italie.*

601. Chevaux et cavaliers, joli tableau, *Pierre Wouvermans.*

603 et 604. Deux charmans Paysages avec figures, tout-à-fait dans le goût de Teniers, *Michau.*

605. Paysage avec figures et animaux, tableau très-agréable, *Demey.*

606. Scène de village, dans le genre de Teniers, *inconnu.*

607. Tableau très-ancien, représentant le baptême de J.-C. *idem.*

608. Très-joli Paysage en hauteur, bien conservé, *Orizonte.*

609. Très-beau portrait d'un Rabin, tableau capital, *Rembrandt.*

610. Charmant tableau de chevaux et de cavaliers, d'une grande finesse d'exécution: c'est un petit chef-d'œuvre, *Philippe Wouvermans.*

611. Paysage avec architecture, tableau très-capital, dans le style de Nicolas Poussin, *Risbrack.*

612. Pendant du précédent, *idem.*

613. Paysage avec figures, charmant petit tableau, d'une touche spirituelle et d'un ton brillant, *Van Uden.*

614. Tempête, très-joli tableau, attribué à *Vernet.*

615. L'Adoration des Rois, belle composition, dans le style du Poussin, *Stella.*

616. Baigneuses dans un Paysage (pendant du n°. 570), *Leclerc.*

617. Fête de village, charmant petit tableau, d'un ton clair et brillant (pendant du n°. 613), *Van Uden.*

618. Beau Paysage avec Fabriques, charmant tableau pour la composition, la couleur et l'exécution, *Be tin.*

619. Un Lancier et son cheval, auprès d'une villageoise, charmant tableau moderne, d'une exécution parfaite, et de l'effet le plus piquant, *Cottrau de Naples.*

620. Incendie d'une écurie (pendant du précédent), *idem.*

621. Charmant Paysage moderne, Vue d'Amalfi, *Pitloo de Naples.*

622. Marine, Vue des environs de Naples (pendant du précédent, *id.*

625. Tête d'homme, *Ecole vénitienne.*

626. Tête de l'ange Gabriel, *inconnu.*

627. Trois petits sujets de l'Ancien Testament, *Chevalier d'Arpino.*

628. Tête de vieillard, *inconnu.*

629. Tête de Saint-Jérôme, *Bibera.*

630. Une Vierge et l'Enfant, très-ancien, sur bois, *inconnu.*

631. Une Madeleine, très-joli tableau espagnol, *el Grecco.*

632. Repos en Egypte, sur cuivre, ce petit tableau a été gravé, *Garroccio.*

633. Petit Paysage sur cuivre, *inconnu.*

634. Petit Paysage *idem* *Breughel.*

635. La Vierge et l'Enfant Jésus, joli petit tableau sur bois, *Ruellas.*

636. Un petit Portrait de femme, très-joli, *Lucas de Hollande.*

638. L'Enfant Jésus dormant, charmant petit tableau, *inconnu.*

694. Paysage sur porcelaine, site d'Italie, *Lancuville.*

695. *Idem* *idem* Vue d'un Canal, d'après Demarne, *idem.*

696. Paysage sur toile, Vue d'un moulin, d'après Demarne, *id.*

697. *Idem* Vue d'une grand'route *id.* *id.*

700. Grande Sainte-Famille, tableau très-capital, chef-d'œuvre du maître, et l'un des plus beaux tableaux de l'école espagnole, d'un effet merveilleux, et bien conservé, *Ribera dit l'Espagnolet.*

701. Ecce Homo, l'un des plus beaux tableaux de l'école, et remarquable pour la couleur et l'expression, *le divino Moralès.*

702. Grand tableau représentant Saint-Michel terrassant Satan,

superbe copie d'après Raphaël, *chevalier Massimo, disciple de Raphael.*

703. Ecce Homo, tableau de premier ordre, beau d'expression et de couleur, *Van Dyck.*

704. Beau Portrait d'un homme avec un rabat, *Murillo.*

705. Très-beau Portrait d'Athanasius, de Grenade, *Ardemans, flamand.*

706. Saint-Paul, très-beau tableau de l'école espagnole, de la plus belle couleur, *Alonzo Cano.*

707. Saint-Simon *id.* *id.* *id.*

708. Saint-Jacques *id.* *id.* *id.*

709. Saint-Mathieu *id.* *id.* *id.*

710. Saint-Jérôme dans le désert, très-beau tableau, de la première manière du maître, *id.*

711. L'Assomption de la Vierge, charmant tableau, brillant de couleur et de lumière, *Corrado.*

712. La Nativité, tableau très-agréable et d'une belle couleur, *Atanasio Bocanegra, disciple de Cano.*

713. La Vierge et l'Enfant Jésus, très-beau tableau, *Juan de Séville, disciple de Cano.*

714. Jésus-Christ sur la croix, *Matheo Cereza.*

718. Saint-Jean-Baptiste, bon tableau de l'école espagnole, *Puellas.*

719. Saint-Jean l'évangéliste *id.* *id.*

749. Sujet allégorique, représentant la France en deuil, *Robineau.*

754. La bataille d'Arbelles, tableau dont le sujet et l'auteur sont trop connus pour qu'il soit nécessaire d'en faire l'éloge ; il suffit de dire que c'est le même sujet qui a été traité en grand par le même auteur, *Lebrun.*

755. Le Passage du Granique, *id.* *id.*

756. La défaite de Porus *id.* *id.*

757. L'entrée d'Alexandre dans Babylone *id.* *id.*

758. La famille de Darius *id.* *id.*

771. Tentation de Saint-Antoine, *David Teniers.*

772. La déposition au tombeau, très-jolie imitation de Rubens, *Beschoy*.

775. L'Adoration des Rois, *id.* *id.*

782. La Charité romaine, figures à mi-corps, grandeur naturelle, *Guido Reni*.

783. Sainte-Cécile, très-belle copie d'après le célèbre original de Raphaël, *Desbordes*.

799. Paysage, Vue des environs de Bolséna, moderne, *Petit*.

Belle collection de huit tableaux, peints par le célèbre Joseph Vernet, en 1766, à son retour d'Italie.

Ces tableaux, d'une parfaite conservation, n'ont jamais été mis en vente, ils n'ont pas non plus été gravés.

Ils représentent les quatre parties du jour, *le matin, le midi, le soir et la nuit*, tant sur terre que sur mer.

801. Le premier est un Lever du Soleil sur terre, aqueduc, cascade, paysage ombragé de grands arbres.

802. Le second fait voir le Soleil qui se lève sur mer, enveloppé de brouillards et qui cherche à s'en dégager; fontaine, entrée de ville, chantiers de construction.

803. Le troisième est un Coup de vent sur terre, au milieu du jour, nature en désordre, arbres rompus, torrens de pluie.

804. Le quatrième est une Tempête en mer à l'heure de midi; coup de foudre, naufrage.

805. Le cinquième montre le Coucher du Soleil dans les nuages, et vu sur terre, pont, temple.

806. Le sixième offre le même instant de la journée, sur un port de mer, vaisseau sortant à pleines voiles.

807. Le septième retrace la Fête de Saint-Jean sur la place Saint-Ange, à Rome; girande d'artifice, feu de joie éclairant les eaux du Tibre, effet du lever de la lune.

808. Le huitième est un effet du Coucher de la lune en mer, frégate sous voile.

Ces tableaux, dont les sujets ont été assortis par le peintre, sont d'égale dimension; ils ont chacun 9 pieds 8 pouces de haut, sur 6 pieds 2 pouces de large. Ils forment une collection de huit paysages, unique dans son genre.

809. Les Joueurs, très-beau tableau, d'après Michel-Ange de Caravage, *inconnu.*

TABLEAUX SUR VERRE.

730. Renards dans un fossé d'attrape.
731. Le lac Sinti, en Norwège.
732. Paysage.
733. Vue d'un Temple.
734. Chasse.
735. *Idem.*
736. Romeo et Juliette.
737. Othello.
738. Mysterious car.
739. Un Loup, un Lynx et ses petits.
740. Vue de Londres.
741. Vue près de Hippach, en Suisse.
742. Vue de Norwège.
743. Des Cerfs.
744. Divers costumes de théâtre.
745. La Création.
746. Salmacis et Hermaphrodite.
747. Chasse aux Cerfs.
748. Vue en Écosse.
761. Vue de Saint-Cloud, une route, *Demarne.*
762. Vue de Saint-Cloud, *Idem.*
763. Une Ferme, *Idem.*
764. Une Caverne, scène de voleurs, *Idem.*

TABLEAUX TISSUS EN VELOURS.

768. La Vierge, Saint-Joseph et l'Enfant.
769. Figures tirées des peintures d'Herculanum.
770. Tête de Vierge, d'après Raphaël.

GRAVURES et DESSINS.

Le Musée Européen renferme en outre des tableaux détaillés plus haut, une collection nombreuse et bien choisie de dessins originaux, anciens, de toutes les écoles, et des gravures françaises, anglaises et italiennes, dont le détail serait trop long, mais qui méritent tout l'intérêt des amateurs des beaux arts et des artistes.

SCULPTURES.

66. Belle Statue, grande dimension, représentant *Ulysse lançant le disque*, exécutée à Rome, par l'auteur, *Petitot.*

115. Buste colossal du pape Pie VI, d'une belle exécution, original du célèbre *Canova.*

116. Autre Buste du même pontife, exécuté en 1799, par *Cerrachi.*

304. La colonne Trajane, en rouge antique, ouvrage remarquable par la beauté du travail et le précieux de la matière.

305. Deux jolis Obélisques en albâtre oriental.

306. Deux très-belles Tasses, forme antique, en lumachelle.

307. Une Tasse en rouge antique, forme antique et très-bien exécutée.

308. Deux Vases en marbre précieux, pour ornement de cheminée ou de console.

309. Une grande et belle Coupe carrée en jaune antique, de la plus rare beauté.

310. Un Vase en basalte, forme antique.

311. Une superbe Tasse en albâtre oriental précieux, et d'un très-beau travail.

344. Hébé, statue de grandeur naturelle, en marbre blanc de Carrare, parfaitement copiée sur l'original de Canova. Le marbre est très-beau, et l'exécution ne laisse rien à desirer. *Bartholini de Florence.*

345. La Vénus accroupie du Capitole, grandeur de l'original, très-belle copie et digne de remplacer l'original antique, marbre blanc de Carrare. *Idem.*

346. Le Tireur d'épine, *id.* *id.*

347. Vénus de Canova, très-belle copie de la même grandeur, et aussi belle que l'original, marbre blanc de Carrare. *id.*

348. La même, plus petite. *id.*

349. La même, petit modèle. *id.*

350. Psyché, d'après Canova, petit modèle ; c'est un chef-d'œuvre de goût, de grâce et d'exécution, marbre blanc de Carrare *id.*

363. Vénus de Médicis, grandeur de l'original, restaurée, marbre blanc de Carrare. *id.*

365. Une grande Jatte de marbre blanc, forme antique, d'un très-grand fini. *id.*

367. Deux petites Amazones, d'après l'antique, charmans ouvrages. *id.*

368. Vénus de Médicis, grandeur demi-nature, c'est une copie parfaite, du plus beau marbre et d'une exécution admirable. *id.*

371. Psyché, d'après Canova, marbre blanc de Carrare. *id.*

667. Vénus, *id.* *id.* grandeur de l'original. *id.*

668. Cheminée en marbre blanc de Carrare. *id.*

669. *id.* *id.* *id.*

671. Très-beau Vase de marbre blanc de Carrare, avec ornemens sculptés en relief. *id.*

672. Grande Jatte en marbre blanc de Carrare, modèle antique, *Bartholini.*

673. Une *id.* *id.* plus petite, *id.* *id.*

674. Une *id.* *id.* plus ornée, *id.* *id.*

675. Petite statue de Léda avec le cygne, très-joli modèle, marbre blanc de Carrare, *id.*

679. Cheminée de marbre blanc de Carrare, à colonne. *id.*

680. *id.* *id.* *id.* *id.*

681 *id.* *id.* *id.* *id.*

682. *id.* *id.* *id.* *id.*

683. *id.* *id.* *id.* *id.*

685. Très-beau Groupe en marbre blanc, représentant la Vierge et l'enfant Jésus, exécuté à Rome, propre à orner une chapelle ; c'est un très-bel ouvrage, *Lemoine.*

686. La nymphe Echo, statue de marbre blanc de Carrare, original, et qui a mérité les suffrages du public, au dernier

salon ; figure de grandeur naturelle, et d'un charme d'exécution qui fait honneur à l'artiste, *idem.*

715 Ganymède, superbe statue de grandeur naturelle, en marbre blanc, de l'invention de l'artiste et d'une grande beauté d'exécution, *Flatters.*

717. Très-beau Buste de marbre blanc, représentant M. Cadet de Gassicourt, d'une belle exécution, *id.*

724. Trois Statues de divinités égyptiennes, à tête d'Anubis, en granit d'Egypte. Ces figures, de la plus haute antiquité, méritent l'attention des antiquaires, aussi bien que celle de tous les amateurs des beaux arts.

726. Petite figure d'un Dioscobole assis, original d'une heureuse composition et de la plus parfaite exécution, exécuté à Rome, en marbre blanc de Carrare, très-beau, *Kessels.*

750. Petit enfant en marbre blanc, très-gracieux, *Simon.*

751. Petit groupe en plâtre, deux Amours se disputant un cœur, *Idem.*

752. Petit groupe en terre cuite, Vénus désarmant l'Amour, *id.*

753. Deux petits Lions en marbre blanc, *id.*

COLLECTION DE STATUES ANTIQUES.

784. Actéon, ou un Chasseur avec son chien, en marbre de Paros, de 3 pieds 8 pouces de hauteur.

Figure d'une haute antiquité et d'une belle exécution. Le torse surtout est de la plus grande beauté.

785. Un Faune, jouant de la flûte, en marbre de Paros, de 3 pieds 10 pouces de hauteur.

Cette statue qui est coiffée d'une peau de léopard, se fait remarquer par son caractère et son exécution, et surtout par une pause et un mouvement extrêmement savant.

786. Un Apollon en marbre de Paros, de 4 pieds 6 pouces de hauteur.

Cette statue est remarquable par sa noble attitude. Ses formes et son expression annoncent le Dieu de la lumière et des arts, dans son adolescence.

787. Statue de Narcisse, par Michel-Ange, en marbre penthélisien.

Cette statue, un peu plus forte que nature, représente Narcisse à genoux, se mirant dans l'eau.

Son geste indique la surprise et le plaisir qu'il éprouve de se trouver si beau.

Cette figure, d'une magnifique exécution, est remarquable en ce qu'elle offre l'assemblage de la grâce, de la force et de la beauté.

La tête et les draperies ont été terminées par un des élèves de Michel-Ange. On sait que ce grand homme, d'une imagination ardente et dont les occupations étaient très-multipliées, n'a pas toujours achevé ses ouvrages de sculpture.

Cette figure étant de marbre penthélisien, il paraît que Michel-Ange a fait servir à son exécution quelque débris de sculpture antique; placée avec art au bord d'une fontaine ou d'un bassin, elle produirait un effet charmant. Cependant un si bel ouvrage serait encore plus convenablement placé dans un musée ou dans un palais.

788. Un Amour brisant son arc, en marbre de Paros, de 3 pieds 4 pouces de hauteur.

Le torse seul est antique. Il nous a paru, ainsi qu'à plusieurs artistes distingués, être du même ciseau que celui qui, naguère, était au Musée royal de France, et qui est si justement estimé. Mais qu'il soit du même auteur ou de tout autre, nous ne devons le juger que sur son mérite réel; aussi c'est en mettant de côté toute prévention, que nous le signalons comme un beau morceau de sculpture grecque.

789. Hercule enfant, en marbre de Paros, de 3 pieds 6 pouces de hauteur.

Il est appuyé sur sa massue, et coiffé d'une peau de lion qui lui retombe par derrière.

On remarque dans la pose un air d'assurance qui sied fort bien à cette figure, et qui contribue beaucoup à la caractériser; mais il ne nous est pas possible de donner une idée exacte de l'expression de sa physionomie. Tout ce que nous pouvons dire, c'est que plus on l'examine, plus il semble que ce jeune héros, qui a déjà le sentiment de sa force, ait encore celui de sa gloire future et de sa haute destinée. C'est un de ces masques grecs dont on ne peut ni imiter ni dépeindre parfaitement la piquante originalité.

La tête, à la coiffure près, a beaucoup de rapport avec la figure d'Éole, de Praxitèle, qui est au Musée de Naples, et c'est cette ressemblance, jointe à la beauté du ciseau, qui lui a fait attribuer ce chef-d'œuvre par les plus célèbres antiquaires d'Italie.

790. Statue de grandeur naturelle.

Cette figure n'a aucun caractère distinctif, et, par respect pour la vérité, nous avons dû nous abstenir de la qualifier, crainte de nous tromper. Le torse, qui est seul antique, est bien exécuté.

791. Un Génie ou Amour, en marbre de Paros, de 2 pieds de hauteur.

Cette petite figure faisait l'ornement d'un tombeau antique. Elle est appuyée sur un flambeau renversé, et elle tient à la main une guirlande qui paraît être de fleurs de Lotus.

792. Hercule combattant le Cerbère. Groupe en marbre panthélisien, de 2 pieds 10 pouces de hauteur.

L'Hercule est dans une action et un mouvement très-expressifs. Le Cerbère a déjà une tête sans vie; la seconde se ressent de l'anéantissement de la première; et la troisième, quoique encore pleine de vie, paraît cependant éprouver un peu d'altération et avoir moins de fureur. Cette dégradation du sentiment de l'existence, est rendue d'une manière très-vraie et très-savante.

Plusieurs antiquaires reconnaissent que ce précieux groupe

ne peut avoir été exécuté que par un des plus habiles sculpteurs du beau temps de la Grèce. Ce qui existe du ciseau grec dans ce groupe, est tellement extraordinaire, tellement admirable, que les artistes les plus distingués de la France et de l'Italie n'ont pas craint de le comparer, pour la perfection, au torse du Belvédère, et au Laocoon.

793. Une Vénus sortant du bain, en marbre de Paros, de 2 pieds 9 pouces de hauteur.

Elle presse ses cheveux pour en faire sortir l'eau, et tourne la tête avec attention, crainte d'être surprise.

Cette figure, qui est pleine de charme et du plus beau style grec, est dans une attitude que les artistes s'accordent à trouver plus gracieuse que celle des autres Vénus que nous devons à l'antiquité. Elle a les oreilles percées. On sait que les anciens étaient dans l'usage, du moins à une certaine époque, de suspendre des pierres précieuses aux oreilles des statues qui représentaient les déesses du premier ordre, ou de belles femmes. Cette production, d'un mérite vraiment supérieur, est digne d'être mise au nombre des plus beaux morceaux de la sculpture antique.

794. Buste de Faune, de grandeur naturelle, en marbre de Paros.

La tête est creusée de manière à ce qu'on puisse y mettre une lumière pour éclairer les yeux et la bouche, qui sont percés.

Ce buste est infiniment précieux, et par son exécution et par son caractère ; il est incontestablement l'ouvrage d'un des plus habiles sculpteurs du beau temps de la Grèce. Nous ne connaissons que le Musée de Naples, qui possède deux têtes de ce genre.

795. Buste antique, de grandeur naturelle, en marbre grecatello.

Ce buste n'a ni attributs ni caractère particulier, et il nous serait difficile de le qualifier. Cependant quelques antiquaires pensent que c'est une des Muses, et peut-être celle de la comédie. Au reste, ce buste offre des beautés qui le rendent très-intéressant. Il est seulement à regretter que la tête ne soit pas entièrement conservée; mais, telle qu'elle est, elle n'en doit pas être moins précieuse aux yeux des vrais connaisseurs.

796. Une Licorne, de grandeur naturelle, en marbre grecatello.

Sorte d'animal sauvage qui naît dans la haute Éthiopie, et qui, selon quelques relations, a une corne au mileu du front, et du reste est assez semblable à un petit cheval.

Celle-ci est couchée et tient dans sa bouche un ruban sur lequel est une inscription latine.

Ce morceau nous a paru être du 12e siècle. Les bonnes productions des arts de cette époque sont extrêmement rares.

797. Un Léopard de grandeur naturelle, faisant pendant à la Licorne, en marbre grecatello.

Il est couché et tient dans sa gueule un ruban sur lequel est une inscription latine.

L'expression féroce de cet animal est bien représentée.

Le mérite de l'exécution nous fait présumer que c'est une production du 13e ou 14e siècle.

---

800. Quatre cheminées, richement ornées, dont deux en marbre jaune de Sienne, et deux en marbre dit Tarentaise, ornées de bronze. Les foyers sont en brocatelle d'Espagne.

ALBATRES.

Tous les ouvrages ci-après, en albâtre, sont du plus beau choix et d'une exécution parfaite, étant sortis des ateliers des meilleurs artistes d'Italie.

55. Deux grands vases, forme des vases Médicis et Borghèse.
56. Deux *id.* d'une moindre dimension.
57. Deux grandes aiguières, de la plus belle forme, et riches d'ornemens, d'une exécution surprenante.
58. Deux *id.* plus petites.
59. Quatre Corbeilles et un Trépied, pour un plateau.
60 Deux jolis Vases, forme antique.
62. Deux Corbeilles sur fût de colonne.
351. Deux très-grands Vases magnifiques, sculptés d'après les Vases Médicis et Borghèse.
352. Deux *idem*, plus petits.
370. Un petit buste de Rossini, d'après celui du célèbre Alvarez.
676. Une très-belle paire de Vases, forme Médicis et Borghèse, troisième proportion.
677. Une Baigneuse, charmante statue, original de la plus parfaite exécution, *de Bartholini de Florence.*
678. Vénus de Canova, avec socle, charmant ouvrage, fait pour orner un salon.

BRONZES.

64. Petite statue de Jupiter, d'un grand style et de la plus belle exécution.

353. Agrippine assise. Copie en bronze, en petit, de la célèbre statue qui se trouve au Muséum royal de Naples, exécutée à Rome.

354. Cléopâtre couchée, très-belle copie, en petit, du célèbre original.

637. Rhea Sylvia, bas-relief en bronze du quinzième siècle.

666. Un petit Bacchus et un Soldat romain; ouvrage du quinzième siècle.

OBJETS DIVERS.

723. Une Momie, d'une parfaite conservation; elle est renfermée dans un double sarcophage.

725. Un tapis, exécuté à Audenarde, d'après les dessins de Raphaël. Ce tapis fait partie d'une collection de 10 autres, représentant les miracles de St.-Pierre et de St.-Paul.

Ils ont été faits au seizième siècle pour la ci-devant abbaye de St.-Pierre de Gand, et sont très-précieux comme monumens des arts.

727. Un Pavé en mosaïque antique.

760. L'Herbier de J.-J. Rousseau. Cette herbier, contenant 1560 plantés, recueillies et étiquetées par J.-J. Rousseau, ne peut manquer de plaire aux nombreux amateurs de ce grand homme.

765. Un Coffre-fort à secret.

778. Une Mécanique jouant vingt-quatre airs.

780. Une Assiette en porcelaine, peinte en Allemagne. Elle fait partie d'un service complet.

781. Un Vaisseau de 74 canons.

BIBLIOTHEQUE ROYALE

www.ingramcontent.com/pod-product-compliance
Ingram Content Group UK Ltd.
Pitfield, Milton Keynes, MK11 3LW, UK
UKHW021022200726
13857UKWH00004B/1536

9 782011 34192